AF362721

LE MYSTICISME

A LA
COUR DE RUSSIE

J. BRICAUD

LE MYSTICISME

A LA

COUR DE RUSSIE

(De Mme DE KRUDENER à RASPOUTINE)

PARIS

ÉDITION DU " VOILE D'ISIS "

11, QUAI SAINT-MICHEL (Vᵉ)

1921

AVANT-PROPOS

On a dit avec raison que l'humanité ne progresse que sur le terrain des découvertes scientifiques ; moralement, elle ne change pas : elle est immuable ; elle demeure ce qu'elle était jadis : mystique et crédule, inquiète et tourmentée, accessible à l'attrait du merveilleux.

Un exemple en est dans les princes et les rois qui ont toujours eu auprès d'eux des conseillers secrets, astrologues, prophètes ou magiciens, dont l'autorité, après une prédiction heureuse, un premier succès, finit par se substituer à celle des monarques eux-mêmes.

En France, par exemple, Catherine de Médicis aima s'entourer d'astrologues : Nostradamus, Luc Gauric, Côme Ruggieri, eurent tour à tour la confiance royale. Henri IV, le sceptique, fit tirer l'horoscope du Dauphin par l'astrologue Le Baillif. Louis XIV ne dédaigna pas de consulter Morin de Villefranche, auteur de la célèbre Astrologia Gallica. Louis XV eut pour conseiller le mystérieux comte de Saint-Germain. On connaît le rôle joué, sous le règne de Louis XVI et pendant la Révolution, par les mystiques, les illuminés, tels dom Gerle et Catherine Théot, et leur influence sur Robespierre. Napoléon Ier consultait Le Clerc et Mlle Lenormand.

Louis XVIII reçut le paysan de la Beauce, Martin de Gallardon, qui l'étonna par les révélations qu'il lui fit concernant sa vie privée. Louis-Philippe pratiqua l'envoûtement par le sang. Enfin, les séances de Spiritisme et d'évocations, faites aux Tuileries par le médium Home, en présence de Napoléon III et de l'Impératrice Eugénie, ont été relatées dans les écrits du temps.

Mais, de tous les Souverains d'Europe, les plus remarquables au point de vue de la croyance au merveilleux, furent certainement les Tsars de Russie. Il faut leur faire, sous ce rapport, une place à part.

De tous temps la Cour de Russie connut et subit l'influence des prophètes et des thaumaturges.

J'ai connu quelques-uns des étranges personnages qui y jouèrent un rôle pendant ces dernières années. J'ai pensé qu'il ne serait peut-être pas sans intérêt de présenter ces modernes illuminés, dont quelques-uns ne contribuèrent pas peu, par leurs pratiques étranges de dévotion et leurs mœurs scandaleuses, à jeter le discrédit sur la Cour de Russie.

Le Mysticisme à la Cour de Russie

CHAPITRE PREMIER

Les Précurseurs de Raspoutine.

Certains écrits de Dostoiewsky, de Tolstoï et de Merejkovski ont révélé aux gens d'Occident les dispositions secrètes de l'âme russe, tourmentée, avide de merveilleux. Le fond de la conscience russe est fait de mysticisme.

En Russie, partout des mystiques. Les innocents, les humbles, qui font des « miracles », courent les rues. Des témoins y croient. L'âme russe, depuis celle du moujick jusqu'à celle du plus puissant personnage, est malade de mysticisme.

On sait l'influence qu'exerça sur le Tsar Alexandre Ier, au commencement du xixe siècle, la célèbre Mme de Krüdener. Mystique, disciple du visionnaire Iung Stilling, de Carlsruhe, qui l'avait initiée aux doctrines du grand illuminé suédois Swedenborg, Mme de Krüdener avait parcouru l'Allemagne, vêtue d'un cilice et d'habits grossiers, prêchant l'avènement d'une ère nouvelle.

Traquée par la police des Etats allemands, elle avait trouvé un refuge à la Cour de la grande-duchesse Stéphanie de Bade. Mais le centre de ses prédications était Genève où elle avait fondé une sorte d'Eglise, malgré la vive opposition des pasteurs génevois. Eloquente et persuasive, Mme de Krüdener savait captiver son auditoire par le récit de ses visions et ses étranges prophéties.

Après les événements de 1814, elle prédit aux coalisés, en punition de leur manque de foi aux vérités de l'Evangile, le retour de Napoléon de l'île d'Elbe, sa rentrée aux Tuileries et le second exil des Bourbons. Ses prédictions s'étant réalisées, l'Empereur Alexandre conçut le vif désir de voir cette femme extraordinaire. Elle lui fut présentée par Mlle de Stourdza, dame de compagnie de l'Impératrice.

Leur première entrevue eut lieu à Heilbronn, au mois de mai 1815, quelque temps après la rentrée de Napoléon en France. Le Tsar fut subjugué par l'exaltation de Mme de Krüdener qui sut le persuader qu'il avait une mission providentielle à accomplir.

Flatté dans son immense amour-propre, l'Empereur ne put se séparer d'elle. Il la pria de ne pas s'éloigner, lui disant qu'il écouterait toujours ses conseils avec respect. Elle le suivit à l'armée, puis à Paris, où il l'installa à l'hôtel de Montchenu. Des entretiens confidentiels les réunissaient chaque jour.

C'est sous l'empire des idées de Mme de Krüdener qu'Alexandre prit l'initiative du traité de la Sainte-Alliance. Le témoignage de M. de Metternich à ce sujet est formel (1).

Association mystico-politique, la Sainte-Alliance fut constituée par un traité signé entre l'Empereur de Russie, l'Empereur d'Autriche et le roi de Prusse.

Les trois monarques s'engageaient « à demeurer unis par les liens d'une fraternité véritable et indissoluble, à se prêter en toute occasion, et en tout lieu, aide, assistance et secours », et ils recommandaient à leurs peuples de « se fortifier chaque jour davantage dans les principes et l'exercice des devoirs que le divin Sauveur a enseignés aux hommes ». Dans la pensée d'Alexandre, le but de cette association était surtout de régler les relations extérieures des Etats et garantir la paix.

Alexandre ayant quitté Paris, Mme de Krüdener partit pour la Suisse, le 22 octobre 1815. Elle s'établit à Bâle. Ayant voulu aller, en 1818, à Saint-Pétersbourg, elle n'en obtint pas l'autorisation ; malgré la sympathie qu'il avait toujours gardé pour elle, l'Empereur ne voulut pas la recevoir. Il aimait mieux la savoir ailleurs que dans sa capitale.

Elle mourut quelques années plus tard, en 1823, au cours d'un voyage en Crimée, où l'avait appelée la princesse Galatzine.

***

(1) Prince de Metternich : *Mémoires*, t. I, p. 212.

Pendant ce temps, une société mystique, dite société de Saint-Jean, qui existait en France depuis quelques années, réussit à introduire à la Cour de Russie, auprès de l'Empereur Alexandre, une de ses prophétesses : Mme Bouché, née Thérèse des Isnard, d'Avignon, connue sous le nom de Sœur Salomé. Mme Bouche déclarait être chargée d'une mission dont elle avait eu la révélation au cours d'une visite qu'elle avait faite à l'église Saint-Pierre d'Avignon. Dieu lui avait annoncé qu'il allait se servir d'elle pour la manifestation de ses desseins et qu'il l'éprouverait par mille tribulations. Après une sorte de consécration prophétique qu'elle reçut, elle s'engagea à obéir à la parole divine qui se faisait entendre en elle, et jura d'exécuter avec une entière obéissance tous les ordres qui lui seraient donnés par la voix de Dieu.

Elle vit d'abord le roi d'Espagne, Charles IV, alors prisonnier à Marseille ; puis elle informa Napoléon, par l'intermédiaire de M. de Rémusat, de l'insuccès de la campagne de Russie qu'il allait entreprendre et de sa chute prochaine ; enfin, elle reçut l'ordre de s'adresser à l'Empereur de Russie.

Averti par son ambassadeur, le Tsar Alexandre manda auprès de lui la mystique prophétesse. Elle passa dix-huit mois à la Cour, de septembre 1819 à mars 1821, ayant souvent avec l'Empereur des entretiens secrets.

Sur les indications de Sœur Salomé, l'Empereur Alexandre fit faire des triangles d'or pur, enfermés dans des médaillons, emblèmes de la Trinité divine dans l'Unité, représentée sur la terre par des trinités royales sous l'unité d'un monarque fort. Ces médaillons talismaniques étaient destinés à être remis en temps et lieu aux princes qui voudraient être auprès de leurs peuples les vraies images de la justice et de la miséricorde.

Un autre illuminé, Hoëné Wronski, philosophe et mathématicien, eut également une grande influence sur le successeur du Tsar Alexandre : son frère, Nicolas Ier, monté sur le trône en 1825. A la suite de certains faits restés obscurs, Wronski dut quitter la Russie. Il adressa plus tard, à l'Empereur, le « *Document historique (secret) sur la Révélation des destinées providentielles des nations slaves* » et les « *Cent pages décisives pour Sa Majesté l'Empereur de Russie, roi de Pologne* ».

Alexandre II, fils de Nicolas Ier, crut aux sciences divinatoires, surtout à l'astrologie qu'il avait étudiée particulièrement. Affilié aux principales sociétés secrètes mystiques d'Europe, il noua des relations avec de nombreux occultistes et rosicruciens.

En janvier 1880, le grand-duc Constantin lui présenta un étrange médium allemand, le baron Henri de Langsdorff, petit-fils d'un ancien ambassadeur de Russie. Voici à la suite de quelles circonstances fut faite la présentation. Se trouvant en visite chez la comtesse Galves, à l'hôtel de l'Europe, le grand-duc entendit parler du médium qui se disait chargé d'une mission auprès de l'Empereur. Il se le fit présenter et lui demanda s'il pourrait lui fournir une preuve de sa mission. Le médium tomba en transe; lorsqu'il revint à son état normal, le grand-duc, en présence de son secrétaire, sortit une ardoise d'un tiroir, et, la tendant au médium lui dit : « Je vous ai posé une question touchant la politique; j'avais déjà posé cette même question au médium Slade et il avait répondu ceci : lisez vous-même. Sur l'ardoise était écrit : « Votre question recevra prochainement sa réponse par un médium allemand ». — Vous êtes ce médium, et je vous présenterai à l'Empereur, poursuivit le grand-duc !

La Russie était à cette époque sous les ordres du dictateur Mélikow, qui était spécialement chargé de veiller à la sécurité d'Alexandre II. Mais la protection du médium fut parfois beaucoup plus efficace que celle de Mélikow. C'est ainsi qu'en novembre 1880, il informa l'Empereur que le Palais d'Hiver où il devait se rendre à dîner, en compagnie du Prince Alexandre de Bulgarie, était miné. L'entretien que l'Empereur eut avec le Prince au sujet de cette prédiction fut la cause qu'ils arrivèrent pour le dîner avec une demi-heure de retard. Pendant ce temps, l'explosion avait eu lieu.

Le dictateur Mélikow vit un rival en la personne du médium ; et lorsqu'au printemps le Tsar partit pour Livadia, Mélikow chargea le médium d'une importante mission à Paris, pour l'éloigner de la Cour. Pendant ce temps, Alexandre II mourut, tué par la bombe d'un révolutionnaire, le 14 mars 1881, près du canal Catherine, à Pétrograd.

Le baron de Langsdorff séjourna quelque temps à Genève, d'où il fut rappelé en Russie par le Tsar Alexandre III, qui était un fervent du spiritisme. Le médium eut alors de fréquentes séances privées avec l'Empereur et sa femme la princesse Dagmar de Danemark.

Disons à ce propos que c'est à cette dernière qu'on attribue généralement la conclusion de l'alliance franco-russe. Ce qu'on ignore, c'est que le rapprochement entre l'Empire de Russie et la République française est né d'une séance de spiritisme, au cours de laquelle fut évoquée l'âme d'Alexandre II.

Le médium parlait à l'état de transe ; mais, le plus souvent, c'était au moyen d'un psychographe, petit instrument dont les esprits avaient indiqué le modèle. L'entité qui « contrôlait » le médium était désignée sous le nom de « Dabot ». Le médium était admis aux séances du ministère ; mais les ministres devaient prêter serment de ne jamais parler de lui sous peine de déportation en Sibérie.

Pendant trois années consécutives, le médium resta à la Cour, logé dans le Palais Impérial. Les évocations spirites étaient presque quotidiennes et se prolongeaient trois et quatre heures durant.

A ce régime, la santé du médium s'altéra, et, en 1886, il dut se retirer et rentrer dans sa famille (1).

(1) Voir la communication faite au Congrès spiritualiste de Londres par le père du médium : Dr Georges von Langsdorff, et publiée dans le *Light* du 25 juin 1898.

Le médium de Langsdorff parti, un nouveau thaumaturge fit son apparition à la Cour. Ce fut le moine Jean Hitch, plus connu sous le nom de Jean de Cronstadt.

Le Père Jean était considéré comme un saint. Il passait pour faire des miracles à l'aide de la prière et avait la réputation de guérir les malades par la simple imposition des mains.

Ecarté une première fois de la Cour par des intrigues politiques, il fut à nouveau, en 1894, rappelé au chevet d'Alexandre III, mourant, à Livadia. Il mit en œuvre toutes les ressources de son art miraculeux, mais en vain : son pouvoir mystérieux ne put triompher des lois de la nature (1).

Dès l'avènement de Nicolas II, successeur d'Alexandre III, ce ne fut à la Cour de Russie qu'un long défilé de mystiques, de prophètes, d'illuminés qui ne furent parfois que de dociles instruments entre les mains des ministres, ou de certaines coteries influentes qui entouraient l'Impératrice.

Nature morbide, esprit inquiet et tourmenté, crédule à l'excès, Nicolas II avait un penchant

(1) Le Père Jean de Cronstadt mourut, en 1908, à l'âge de 80 ans. Le souvenir de ses funérailles est resté dans la mémoire des assistants. Plus de 15.000 personnes attendaient son corps à la gare de Pétrograd. Derrière son cercueil, des hommes, des femmes, se roulaient dans la boue en poussant des gémissements. Sur le seuil des églises, les popes bénissaient au passage le corps du faiseur de miracles.

marqué pour le mysticisme et le merveilleux. On en trouve la preuve dans tous les actes de son règne et de sa vie privée. Je veux citer à l'appui de cette affirmation les faits qui précédèrent et entourèrent la naissance du tsarewitch.

L'Impératrice n'avait donné au Tsar que des filles, et Nicolas II avait l'ardent désir d'un héritier. Déçu dans son espoir d'avoir un fils, l'Empereur devenait superstitieux et n'était pas loin de voir dans cette circonstance la main de la fatalité, qu'il fallait désarmer par n'importe quel moyen.

Le ministre de l'Intérieur, le dévot Sipiaguine, poussa l'Empereur à aller implorer les saintes icones à Moscou, assurant que par leur intercession il pourrait avoir un héritier ; mais les saints restèrent sourds aux prières impériales. Nicolas II fit alors appel à la science d'un professeur d'accouchement, M. Schenk, de Vienne, qui prétendait connaître un procédé pour avoir des enfants de sexe différent à volonté. Le professeur imposa à l'Impératrice un régime spécial, d'où étaient exclus les légumes et les sucreries, et qui devait lui donner, à coup sûr, un garçon. Hélas ! ce fut une fille qui naquit... Le Père Ivan de Cronstadt, mandé à la Cour, resta en faveur pendant quelques mois, mais ne fut pas plus heureux que M. Schenk. Il fut remplacé par un mystique lyonnais du nom de Nizier Anthelme Philippe Vachod, qui se faisait appeler Philippe.

J'ai beaucoup connu Philippe. Chef de l'école de Théurgie de Lyon, magnétiseur et guérisseur célèbre, il avait eu, à plusieurs reprises, maille à partir avec la justice lyonnaise, et il fut traduit plusieurs fois devant le tribunal correctionnel pour exercice illégal de la médecine. Son cabinet de consultation ne désemplissait pas, et les médecins étaient quelque peu jaloux de ce « charlatan » qui leur enlevait leur clientèle !

J'ai assisté dans son hôtel de la rue de la Tête-d'Or, — dont l'entrée était jalousement gardée, depuis plus de vingt ans, par la vieille bonne Félicie — à de bien étranges séances de magnétisme occulte. Les guérisons opérées par Philippe semblaient tenir du miracle. Homme très modeste, sans instruction, il était fils de simples paysans d'un petit village de la Savoie (1). Philippe, après avoir été garçon tripier, puis boucher chez un de ses oncles à Lyon, résolut, à 22 ans — ayant développé certaines facultés occultes en lui — de consacrer sa vie à la guérison des pauvres et des affligés. Bientôt une légende se forma autour de son nom et d'aucuns le tinrent pour un être surhumain.

Il vivait très retiré, entouré d'un cercle restreint d'amis et de disciples, soit à Lyon, soit dans les environs, à l'Arbresle. Les habitants de cette coquette petite ville vous montraient au loin, tout en haut d'une colline, une grande maison dont la terrasse en maçonnerie avait je ne sais quel air

(1) Philippe Nizier-Anthelme naquit à Loisieux (Savoie), le 25 avril 1849 ; il était fils de Joseph-Philippe et de Marie Vachod, cultivateurs.

redoutable d'ouvrage fortifié, et vous disaient :
« C'est là ! M. Philippe est souvent absent. Il vit
d'ailleurs dans un isolement farouche, et l'on ne
pénètre point aisément dans sa retraite. »

A ceux qui, l'ayant abordé, l'interrogeaient,
lui demandant qui il était, d'où il tenait ses pouvoirs étranges et terribles, il répondait : « J'ignore
tout de moi-même. Je n'ai jamais compris et n'ai
jamais cherché à m'expliquer mon propre mystère.
J'avais 6 ans à peine quand le curé de mon village
s'inquiéta de certaines manifestations dont je
n'avais pas conscience. Il me disait : « Petit, tu
as dû être mal baptisé, car tu parais être la proie du
diable ! »

« Dès 13 ans, j'opérais des guérisons miraculeuses.
Je suis un intermédiaire inconscient entre l'humanité et un pouvoir supérieur qui plane au-dessus
d'elle. Les résultats stupéfiants que j'obtiens chaque
jour, je les admire et ne les comprends pas ! »
Et il enseignait à acquérir la certitude que l'homme
qui sait qu'il ne sait rien commence seulement à
comprendre la science ; que celui qui ne possède
qu'un grabat et le prête à qui n'en possède pas
est plus riche que tous les riches.

Ses facultés de clairvoyance et de clairaudience,
ses perceptions des maladies à distance, étonnaient
toujours, même ses amis, qui en pouvaient cependant voir de fréquents exemples.

Il enseignait qu'il y a trois sortes de maladies :
les maladies physiques, les maladies astrales et
les maladies spirituelles. Les maladies physiques

sont du domaine de la médecine allopathique ; les maladies astrales doivent être soignées par l'homœopathie, le magnétisme et les procédés des anciens occultistes ; les maladies spirituelles ne peuvent être traitées que par la théurgie et la prière.

Le docteur Papus, le célèbre occultiste, mort victime de la grande guerre dont il soigna les blessés avec un dévouement inlassable, parla au cours d'une de ses conférences en Russie, devant les plus notables personnages de l'aristocratie et de la Cour, du thaumaturge lyonnais, de celui qu'il appelait son « Maître spirituel ». On fut avide de connaître un tel personnage. Le grand-duc Wladimir vint le visiter à Lyon et le fit appeler par le Tsar à la Cour de Russie. Philippe s'y rendit, en 1900. La princesse de Leuchtenberg, femme du grand-duc Nicolas, le présenta à l'Impératrice.

La Tsarine, très portée vers les doctrines mystiques, s'enthousiasma pour les théories des sciences occultes, pour le magnétisme, le spiritisme et la magie.

Philippe vit sa renommée grandir encore à la suite de la réalisation d'une prophétie qu'il avait faite. Pendant la grossesse de la Tsarine, il déclara que l'enfant attendu par le couple impérial serait, cette fois, un héritier. A partir de ce moment, son influence ne cessa de grandir. Il fut comblé d'honneurs : le Tsar lui conféra le grade de général de division, avec droit de porter l'uniforme du grade.

Peu à peu, il devint absolument indispensable

et, suprême honneur, il reçut l'autorisation de pénétrer dans les appartements du Tsar et de la Tsarine quand bon lui semblerait, sans avoir à se faire annoncer.

Etonnée qu'un homme doué de pouvoirs aussi extraordinaires ne soit possesseur d'aucun titre officiel, pas même celui de docteur en médecine, l'Impératrice lui fit octroyer, par l'Université de Moscou, le diplôme de docteur. Mais, comme le diplôme russe ne conférait pas, à lui seul, le droit d'exercer la médecine en France, elle pria l'ambassadeur de France à Pétrograd de faire des démarches pour qu'un diplôme équivalent soit délivré à son protégé par le gouvernement français.

L'ambassadeur de France répondit que c'était là une chose impossible, aucun diplôme n'étant donné *honoris causa*.

La Tsarine ne fut pas convaincue. Profitant de son voyage en France — où les souverains russes vinrent à Compiègne — elle demanda un soir, après un dîner de gala, à Waldeck-Rousseau, alors président du Conseil des Ministres, s'il ne lui serait pas possible de faire délivrer un diplôme de docteur en médecine au « savant » Philippe. Waldeck demeura un instant interloqué : il ne s'attendait pas à une pareille demande ! Il dut expliquer à la Tsarine qu'il n'était pas en son pouvoir d'accorder la faveur qu'elle lui demandait, le diplôme de docteur en médecine ne s'obtenant, en France, qu'après avoir fait des études spéciales et passé avec succès de difficiles examens.

— Peut-être, dit la Tsarine, M. le Président de la République pourrait-il ?

Waldeck-Rousseau apprit alors à l'Impératrice que, dans cet ordre d'idées, M. Loubet lui-même ne pouvait absolument rien ! Seul, un comité de grands médecins pouvait, après un examen, conférer le titre de docteur en médecine.

— M. Philippe est cependant un très grand médecin, répliqua la Tsarine ! Et elle quitta Waldeck, assez dépitée...

La faveur de Philippe fut un instant éclipsée à la suite d'une campagne acharnée menée contre lui par les partis avancés de l'opposition et par le journal *Osvobojdewe* : « Le fait est indéniable, pouvait-on lire dans ce journal : Nicolas, pour les choses concernant sa famille comme pour celles concernant la politique étrangère et l'administration intérieure, ne prend aucune décision sans avoir, au préalable, consulté le sieur Philippe ! Que penser d'un régime confiant sans contrôle les destinées de la Russie au premier charlatan venu ! »

Philippe payait sa célébrité. Des rapports secrets étaient adressés contre lui à Nicolas II, soit de Russie, soit de France. Le chef de la police russe à Paris, Ratchkowski, s'était particulièrement acharné à cette besogne. Il avait envoyé à Nicolas II un dossier très chargé contre Philippe. Le policier ne l'accusait rien moins que de séquestration, d'abus de confiance, etc... Dès réception du dossier, l'Empereur avait fait appeler Philippe et l'avait prié de prendre connaissance des pièces qui y étaient contenues. La chose faite, Philippe avait haussé les épaules et répondu: « Sire, si Votre Majesté a le moindre doute, je garde le dossier, le remets entre les mains de la justice et demande la preuve de tout ce qui s'y trouve contenu. » Le Tsar, toujours ondoyant, lui répondit en souriant : « Oui ! c'est de la méchanceté ! Si j'en avais cru un mot, je ne vous l'aurais pas montré ! »

Devant ces attaques réitérées, Philippe jugea néanmoins prudent de rentrer en France. Il revint comblé de cadeaux, mais toujours poursuivi par la haine du policier russe.

Il resta à Lyon de 1901 à 1902, tout en étant en relation avec le Tsar et les personnages de la Cour, avec lesquels il échangeait une correspondance suivie. Chaque jour son courrier lui apportait les suppliques de malades princiers, de grands personnages en péril. Philippe soignait à distance, donnait des conseils aux uns et aux autres.

Bientôt, lettres et télégrammes chiffrés ne pouvant plus suffire, Philippe, sur les instances réitérées du grand-duc Nicolas et de sa femme, venus à Lyon pour faire opérer leur fils, consentit à retourner en Russie.

En 1903, nous le retrouvons à Livadia, en Crimée, auprès du Tsar. C'est là qu'il achèvera d'initier l'Impératrice aux pratiques du spiritisme transcendantal.

De ce jour, on peut dire que la Tsarine Alexandra Feodorovna ne prit jamais, au cours de son existence impériale, une décision de quelque importance sans avoir, au préalable, consulté les esprits. Le Tsar assistait parfois aux évocations ; et il finit par se livrer, lui aussi, aux expériences spirites.

Consulté sur des questions de politique intérieure et extérieure, Philippe assistait fréquemment aux réunions de l'Empereur et de ses ministres. Il fut, dit-on, l'inspirateur du noble projet du Tsar rêvant d'instaurer parmi les hommes le règne de la Paix universelle par le désarmement général.

Secondé par le roi de Danemark et par les grands-ducs, Philippe introduisit à la Cour le mouvement martiniste et occultiste.

Une loge martiniste secrète fut fondée au palais impérial. Nicolas II en était le vénérable. Les S... I... (supérieurs inconnus) étaient recrutés parmi les grands-ducs et les conseillers d'Empire. Les séances d'évocation y étaient très fréquentes. Philippe les dirigeait.

Un des esprits le plus souvent évoqué par l'Empereur était celui de son père, Alexandre III. On connaît le culte dont Nicolas II entourait la mémoire de son père. Or, au cours des séances d'évocations, l'Esprit d'Alexandre III faisait fréquemment promettre à son fils de maintenir intacte l'alliance franco-russe. Nicolas II promettait ; et cela ne contribua pas peu, dans la suite, à le maintenir hors des influences germanophiles de plus en plus grandissantes à la Cour de Russie.

Au moment de la guerre russo-japonaise, Philippe fut tenu au courant de différents projets russes contre le Japon. Ces projets n'ayant pas abouti, les adversaires qu'il avait à la Cour (et ils étaient nombreux) menèrent contre lui une campagne très active auprès du Tsar, allant même jusqu'à l'accuser d'avoir divulgué au gouvernement japonais les projets du gouvernement russe.

Quoi qu'il en soit, on finit par le trouver quelque peu gênant. En raison de son influence sur le tsar, Philippe était devenu pour les gouvernements une personnalité inquiétante, un homme à surveiller et à éloigner si possible. Tout fut mis en œuvre pour cela, si bien que Nicolas II fut contraint de demander à M. de Montebello, notre ambassadeur, d'obtenir le rappel du thaumaturge lyonnais, considéré désormais comme dangereux !

Quelques jours après, une dépêche de l'*Eclair* du 25 novembre, venant de Saint-Pétersbourg, annonçait que M. Philippe, qui, par ses séances de spiritisme, avait pris un si grand ascendant sur le Tsar, a dû quitter la Cour. C'est surtout grâce aux conseils pressants du médecin de l'Impératrice que l'expulsion de l'occultiste a été signée. Ce médecin a montré, en effet, « que les pratiques spirites étaient tout à fait préjudiciables à la santé de l'Impératrice ».

Il est inexact qu'un décret d'expulsion ait été pris contre Philippe par le ministre de la justice russe. La vérité est que la Tsarine, devant les provocations du puissant parti qui s'était formé contre elle, en raison de la faveur impériale accordée au thaumaturge, avait été obligée de céder et d'éloigner son favori.

Rentré à Lyon, Philippe resta néanmoins en relations suivies avec la Cour, échangeant une correspondance, surtout avec l'Impératrice, qui lui fit don, en récompense des soins qu'il lui avait donnés, d'une superbe automobile.

En 1904, ayant perdu sa fille âgée de 26 ans et mariée au docteur L...., il en conçut un tel chagrin, qu'il résolut de cesser ses consultations, vendit une partie de sa fortune mobilière et se retira à l'Arbresle, petite ville des environs de Lyon. C'est là qu'il mourut le 2 août 1905. Son corps, ramené à Lyon le 5 août, fut inhumé au cimetière de Loyasse, au milieu d'une affluence énorme d'admirateurs et de disciples.

* *

Après le départ de Philippe de la Cour de Russie, Nicolas II, sur les conseils du ministre Plehve, s'en fut au couvent de Saravo prier sur la tombe de l'ermite Séraphin, qui avait joui, de son vivant, d'une grande réputation de sainteté. Après le voyage de Saravo, le mysticisme de Nicolas II prit des proportions inquiétantes. La Cour allait, plus que jamais, être ouverte aux prêtres, moines, mendiants de toute sorte.

Parmi ceux qui jouèrent un certain rôle, je citerai Mitia Koliaba et Héliodore. Mitia Koliaba, du célèbre couvent d'Optina-Poustyne, dans le district de Kozelsk, était muet et n'émettait que des sons ressemblant à un meuglement. Un autre moine du même couvent, Elpifidor, prétendait comprendre les sons qu'émettait Mitia-Koliaba et les interpréter.

Un aide de camp de l'Empereur, le prince Obolenski, qui possédait des propriétés dans le district de Kozelsk, et qui s'intéressait beaucoup aux questions mystiques, vanta à Nicolas II les mérites de Mitia Koliaba. L'évêque Théophane et la grande-duchesse Militza Nicolaievna l'amenèrent un jour à Tsarkoïé-Selo, en compagnie d'Elpifidor, et les présentèrent à l'Empereur.

Ils restèrent quelque temps à la Cour; après quoi ils furent renvoyés dans leur couvent. Dans le même temps, un prêtre, Héliodore, — de son vrai nom Serge Trouvanoff — qui avait occupé une brillante situation à l'Académie des Hautes Etudes ecclésiastiques, passait pour faire des miracles retentissants. A la suite de démêlés avec le Saint-Synode, pour avoir publié un catéchisme dont les doctrines étaient quelque peu hétérodoxes, il avait été exclu de l'Église russe. Il avait alors fondé à Tzaritzine une secte religieuse dont les adeptes étaient connus sous le nom d'*Héliodorovtzy*.

Sa réputation de « saint homme » le fit, à un moment donné, appeler à la Cour où il eut, pour un temps, une influence considérable. Ami de Philippe avec lequel il s'était livré à des expériences spirites en présence de l'Impératrice, Héliodore était entièrement dévoué à la cause franco-russe. Mais depuis quelque temps déjà, des influences

contraires, des intrigues, s'exerçaient contre lui ;
et il allait bientôt être obligé de se retirer, éclipsé
par un nouveau « saint homme » qui venait de
surgir, poussé par le parti germanophile russe ;
sorte de faux illuminé qui devait plus tard faire
le jeu de l'Allemagne et devenir le véritable maître
occulte de la Russie. J'ai nommé Raspoutine.

Le rôle néfaste qu'il a joué dans la vie politique
russe et dans les événements qui amenèrent la
chute de l'Empire, rend, je crois, nécessaire de
s'arrêter longuement sur ce personnage.

CHAPITRE II

RASPOUTINE.

Afin de bien comprendre les événements qui se sont déroulés en Russie ces dernières années, il est nécessaire de remonter à 1905-1906.

A la suite du mouvement révolutionnaire et de la grève formidable qui avaient obligé l'Empereur à signer le manifeste du 17 octobre 1905, octroyant à l'empire une constitution et convoquant la première Douma, deux partis également puissants et remuants s'étaient formés à la Cour.

Le premier, à tendances *presque libérales*, réunissait autour de l'Impératrice douairière Marie-Feodorovna, la plupart des grands-ducs, Michel Nicolaïevitch, Wladimir, Nicolas, Paul Alexandrovitch, qui avait à plusieurs reprises, dans sa jeunesse, fait montre d'idées libérales, et les anciens familiers d'Alexandre III qui avaient été écartés du pouvoir par son successeur. De ce nombre étaient le général Tcherkow, le doyen des généraux, et le comte Chérémetiew, ancien conseiller du Tsar, vieillard unanimement respecté.

Le second parti groupait autour de la tsarine Alexandra-Feodorovna, tous les partisans de l'autocratie absolue, tous les admirateurs de la culture allemande, partisans d'une alliance germano-russe, les Witte, les Frédéricks, les Korf, Voeikow, Massolow, Benkerdoff, von Wahl, Stackelberg, Soukhomnilov, et plus tard les Protopopof, et les Sturmer qui n'avaient que mépris et haine pour tout ce qui était russe.

Chaque parti avait ses prophètes favoris, ses moines mystiques, qu'il tentait d'introduire à la Cour, auprès de l'Empereur, pour faire prévaloir ses idées.

En 1906, après une intrigue qui fit éloigner Héliodore de la Cour, le parti autocrate réussit à introduire auprès du Tsar un nouveau prophète, dont la gloire éclipsa bientôt celle de tous les autres : le moine Raspoutine !

Raspoutine était un simple paysan de Sibérie, un pauvre paysan illettré, né en 1872 à Pokrovskoïe, petit village du gouvernement de Tobolsk, district de Temen.

La population de ce village, ramassis d'anciens forçats libérés, n'a jamais joui d'une très bonne réputation ; et la famille de Raspoutine, une des plus mal notées du pays, y occupait le dernier rang.

Le père, qui se nommait Efimovitch, avait été emprisonné à diverses reprises pour vol, et le fils semblait devoir suivre son exemple. On trouve, en effet, dans les archives du tribunal de Tobolsk, trois dossiers pour vol, faux témoignage et viol, concernant le jeune Grégory Efimovitch, connu sous le diminutif de Gricha, et plus encore sous le nom de Raspoutine.

Ce dernier nom n'est qu'un sobriquet qui veut dire « le débauché » et qui lui avait été donné dès sa jeunesse par les paysans russes, en raison de ses déplorables antécédents.

Au village, la vie du jeune Raspoutine ne fut qu'une série de délits et de forfaits. Plusieurs fois le tribunal des paysans condamna le mauvais garnement à être fouetté, et la sentence fut exécutée. Inculpé de vol de chevaux, il ne fut pas condamné, l'affaire ayant été abandonnée on ne sait au juste pourquoi.

Enfin, accusé d'avoir violé une vieille mendiante, du nom de Likomidoucka, et ses deux fillettes (âgées de 12 et 13 ans), il fut acquitté faute de témoins (1).

Parmi ses fidèles compagnons de débauche figurait le jardinier Varnava, qui devait, dans la suite, devenir, grâce à la protection de Gricha, évêque de Tobolsk.

Vers 1900, il changea complètement sa façon de vivre. Il cessa de fumer et de boire, devint pieux et rangé ; et, doué d'un grand savoir-faire, ainsi que d'un aplomb formidable, il débuta dans son village comme une sorte de prédicateur laïque.

On attribue ce changement à l'influence d'un jeune

(1) J'emprunte ces renseignements, et la plupart de ceux qui concernent Raspoutine avant son arrivée à la cour de Russie, à M. J.-V. Bienstock, qui a publié sur le personnage une étude très documentée : *La fin d'un régime : « Raspoutine »*.

J'ai également mis à contribution le remarquable ouvrage de M. Ch. Rivet, correspondant du *Temps* à Pétrograd : *Le Dernier Romanof* et *l'Histoire extraordinaire de Raspoutine*, par William Le Queux.

prêtre du nom de Milety Zaborowski, lequel jouissait parmi les paysans sibériens d'une très grande vénération. Ce prêtre aurait entrepris de convertir le « débauché ».

Raspoutine, qui faisait le métier de postillon, eut un jour à conduire le jeune prêtre à Thioumène. Il en revint profondément impressionné par l'entretien qu'il avait eu en cours de route avec le religieux. Peu après, il résolut d'entreprendre un grand voyage pour visiter de nombreux monastères.

C'est au cours de ce voyage qu'il s'affilia, dit-on, à la secte des Khlysty, secte qui n'est pas sans analogie avec celle des derviches tourneurs. Ses membres se réunissent pour se livrer à des danses tournantes, jusqu'à ce qu'ils tombent en extase. Cette extase est attribuée à l'Esprit, dont la personne favorisée est « possédée ». Tout ce que dit ou fait la personne ainsi « possédée » vient de « l'Esprit », donc est vrai et juste (sans péché). Aussi, lorsque, dans les réunions, les adeptes sont en extase, toutes lumières éteintes, il n'y a plus aucun péché à ce qui est fait par la volonté de « l'Esprit ».

De retour dans son village, Raspoutine redoubla de piété et de ferveur dans ses exercices religieux. Il se fit *strannik*, c'est-à-dire « quêteur ». Abandonnant sa femme et ses enfants, il s'en fut de village en village, quêtant pour la construction des églises, ne parlant plus que par paraboles, en phrases saccadées et le plus souvent dénuées de sens.

Le bruit se répandit bientôt qu'un nouveau

prophète avait fait son apparition à Pokrovskoïe, et Raspoutine fut gratifié du titre de *starets*, ce qui signifie « vénérable ».

Il eut des disciples nombreux, qui formèrent une sorte de confrérie religieuse dont il devint le directeur. Ses partisans et ses admirateurs se multiplièrent, à Kazan, Saratof, Kiew, Samara, dans tous les centres de la Russie orientale.

Le clergé s'en émut, et les plaintes commencèrent d'affluer au Saint-Synode contre les « agissements impies d'un sectaire nommé Raspoutine, dont l'enseignement, hostile à la doctrine de l'Eglise orthodoxe, favorisait la pire débauche ».

C'étaient, en effet, de bien étranges pratiques de piété que celles accomplies dans les réunions de la confrérie. Voici un extrait d'une des plaintes adressées par le Clergé au Saint-Synode, décrivant les scènes auxquelles se livraient les adeptes de Raspoutine.

« On se réunit nuitamment dans la campagne, autour d'un bûcher sur lequel on répand de l'encens et des plantes aromatiques. On y met le feu, et hommes et femmes, se tenant par la main, dansent une ronde autour du brasier, en répétant sans arrêt : « Seigneur ! Seigneur ! pardonnez-nous nos péchés en raison de notre repentir ! » La ronde s'échevèle, les paroles ne sont bientôt que des balbutiements, et lorsque la chaîne se disloque autour du feu qui s'éteint, hommes et femmes se laissent choir et s'accouplent au hasard. Les hommes arrachent à leur compagne un ruban ou un morceau de leur robe pour savoir avec qui « ils ont éprouvé leur chair », et il arrive que le père reconnaît sa fille, la mère son fils ».

Cependant, Raspoutine trouva, dans l'Eglise elle-même, des amis sincères et des protecteurs puissants, en l'évêque Hermogène, de Saratov, le Père Héliodore et le moine Jean de Cronstadt qui le recommanda à l'archevêque de Kazan, Théophane.

Grâce à leur protection, les plaintes formulées contre lui n'eurent pas de suite.

Au cours d'un pèlerinage dans le centre de la Russie, il fit connaissance de Mme Bachmakow, veuve d'un négociant millionnaire. Elle venait de perdre son mari et était plongée dans une profonde tristesse. Raspoutine se chargea de la consoler. Il y réussit sans doute, puisque, pour le remercier, elle l'introduisit dans les milieux riches de Kiew et de Moscou. Là, Raspoutine ne tarda pas d'être connu et très apprécié dans les milieux aristocratiques.

Bientôt le paysan débauché devint « le voyant », « le prophète ». Le salon, pourtant très fermé, de la comtesse Ignatief, dame très influente à la Cour, et dont la maison n'était fréquentée que par des princes de l'Eglise et de hauts fonctionnaires civils et militaires, s'ouvrit pour lui. Son succès fut énorme. Des femmes du monde, de pauvres cervelles névrosées, détraquées, éprouvèrent un engouement singulier pour ce *moujick* inculte, mais possédant des dons incontestables de suggestion et un étrange pouvoir d'hypnotisme et de fascination. De grandes dames devinrent ses ferventes admiratrices. La comtesse W... me raconta ainsi une séance mystique présidée par le « Saint » en 1904 :

« Nous étions une quinzaine de personnes dans le salon de Mme Von U... et nous causions en attendant le Saint. Il fit son entrée au bout de quelques minutes, s'excusa de nous avoir fait attendre et, s'approchant de chacune de nous, il nous donna le baiser de paix sur la bouche, selon la coutume russe.

— Nous allons faire le cercle, dit-il, en nous serrant le plus possible les uns contre les autres, et en nous donnant la main, afin que nos fluides ne s'égarent pas et que nos âmes se pénètrent davantage.

Nous approchâmes nos chaises ! Elles se touchaient et nous nous prîmes les mains ! Le Saint fit alors une prière. Puis, ses yeux se fermèrent. Après s'être recueilli un moment, il les rouvrit et se prit à parler. Ses yeux brillaient d'un regard étrange ; un instant, ils me fixèrent obstinément. A ce moment, j'éprouvais pour lui une sympathie d'une nature particulière. — L'amour est notre consolation, disait-il. C'est par l'amour coupable que l'humanité est déchue, c'est par l'amour purifié qu'elle doit être relevée... Il faut célestifier nos âmes et nos corps, nous unir aux êtres qui sont plus avancés que nous dans la voie du salut... Or, je possède en moi une parcelle de Dieu.

Ce n'est que par moi, et grâce à moi, qu'on peut obtenir son salut. Ce qui émane de moi est une source de lumière qui lave les péchés. Il faut se confondre avec moi pour être sauvé... »

Il est inutile de pousser plus loin la publication de ce document. Ce que nous avons lu précédemment sur le « Saint » suffit amplement pour nous faire deviner par quels procédés le « débauché » célestifiait les pénitentes qui voulaient bien « se confondre » avec lui !

On devine combien cette religion du péché, devenu une sorte de vertu, était pleine d'attrait pour les dames du monde qui n'avaient ni l'envie ni la volonté de pratiquer la religion de la vertu.

On se tromperait cependant si l'on croyait que tout fut, chez Raspoutine, charlatanisme et bas instinct. Le Docteur Papus qui eut l'occasion de le rencontrer à diverses reprises, au cours de ses voyages en Russie, m'a assuré qu'il possédait un réel pouvoir de médiumnité. D'autre part, ses théories étranges et troublantes sur le péché et l'expiation répondaient parfaitement à des dispositions secrètes de l'âme russe. Tolstoï, Dostoiewski, Tourguenieff, Gorki, ont analysé avec un art et une subtilité admirables ces tempéraments de Slaves qui nous apparaissent, à nous autres, oscillant entre le génie et la folie.

En 1905, une dame de la haute aristocratie de Pétrograd ayant entendu Raspoutine chez la comtesse Ignatieff fut captivée par ses doctrines et le fit venir dans la capitale. Les rumeurs les plus extraordinaires l'y précédèrent. Il convertit très vite, par cette force mystique de séduction qu'il possédait, de nombreuses dames sur lesquelles il parvint bientôt à exercer une influence considérable. Il fut présenté à feu Stolypine. Cet homme d'État avait eu un bras meurtri et resté paralysé à la suite de l'attentat de l'*Aptikarki Ostrow*. Grâce à sa force magnétique, Raspoutine aurait, dit-on, apaisé les souffrances du Président du Conseil. Dès lors, son étoile ne cessa de monter. Il fut reçu à la Cour des Grandes-Duchesses Anastasie et Militza, filles du roi de Monténégro, et épouses, la première du Grand-Duc Nicolas, la seconde, du Grand-Duc Pierre. C'est chez elles qu'il fit la connaissance de Mme Vyroubova, qui devait plus tard l'introduire au Palais Impérial et le présenter à la Tsarine.

Les historiens de l'avenir qui étudieront les dessous de la politique russe pendant ces dernières années auront pour tâche de mettre en lumière le rôle joué auprès de l'Impératrice par Mme Vyroubova et Raspoutine. On peut dire que si Alexandra-Féodorovna intervint dans les affaires de l'État, elle ne fut guère qu'un instrument dans les mains de ces deux personnages, et que c'est sous leur influence qu'elle exerçait son empire sur le Tsar.

Anna Vyroubova, dame de compagnie de l'Impératrice, était la fille du Secrétaire d'État Alexandre Taneieff, directeur de la Chancellerie de l'Empereur.

De nature profondément religieuse, son esprit fut exalté davantage encore à la suite d'une maladie très grave qui la fit abandonner des médecins, à l'âge de 16 ans, et dont elle ne guérit que par la vertu des prières de l'Archiprêtre Jean de Cronstadt. Les sentiments religieux devinrent alors prédominants dans sa vie.

Un mariage qu'elle contracta plus tard avec un officier de marine, le lieutenant Vyroubof, fut des plus malheureux. Il dura peu, Mme Vyroubova ayant sollicité et obtenu de l'Empereur l'autorisation de divorcer.

Redevenue libre, Mme Vyroubova était restée à la Cour, auprès de la Tsarine, sans charge définie.

Elle devint sa confidente et l'on prétend que c'est par son intermédiaire que la Tsarine fit la connaissance du général prince O***, écuyer de l'Empereur, auquel elle allait vouer une affection de nature toute particulière et dont les échos devaient bientôt défrayer la chronique scandaleuse de Pétrograd.

Le général étant mort subitement au cours d'un voyage en Égypte, l'Impératrice en conçut un tel chagrin qu'elle fut bientôt atteinte de crises d'insomnie et de neurasthénie violente. Elle résolut de s'enfermer dans ses appartements privés, consigna sa porte, ne voulut voir personne. Seule, Mme Vyroubova fut autorisée à rester auprès d'elle, à partager sa claustration volontaire. Désormais, nul n'allait pouvoir approcher l'Impératrice sans passer, au préalable, par l'intermédiaire de la confidente.

Mme Vyroubova, qui était au courant de toute

la littérature occultiste française, était spirite et médium. Elle évoquait et recevait des communications de « l'esprit » du général O*** ; et l'on assure que pendant des heures, grâce aux facultés médiumniques de Mme Vyroubova, la Tsarine pouvait converser avec son bel officier, qui, ainsi, pour elle, n'était point tout à fait mort.

Plus que personne, celle que les dames de la Cour appelaient jalousement et avec dédain : *la Vyroubova*, était qualifiée pour chaperonner auprès de l'Impératrice celui que les commérages de la Cour désignaient clairement comme étant son amant : le faux moine Raspoutine.

Non seulement il fut reçu à la Cour, choyé, adulé, écouté et obéi par les personnes les plus haut placées dans la hiérarchie civile et militaire de l'Empire, mais certaines grandes dames qui ne juraient que par lui intriguèrent jusqu'à lui obtenir l'accès, à toute heure, des appartements les plus secrets du Palais.

Raspoutine, dont les yeux bleus avaient une fixité étrange et fascinante, calmait l'Impératrice de ses longues insomnies à l'aide du magnétisme.

Il acquit, de ce fait, un ascendant prodigieux sur la Tsarine et finit par la subjuguer complètement. Une lettre publiée par le journal russe *Outro Rossy*, peu après la chute du tsarisme, prouvera l'empire que Raspoutine avait pris sur l'impératrice :

« Comment vous remercier pour tout ce que vous êtes pour moi, écrivait Alexandra au grand favori ? Mettre sa tête sur votre épaule, ne rien dire, sentir seulement la joie de la paix et de l'oubli ! Quelle bénédiction divine ! Je vous remercie de m'avoir donné ce bonheur.

« Pardonnez-moi toutes mes imperfections. Je demande à être une bonne et une vraie chrétienne ; mais c'est si difficile ! Combien il est malaisé de surmonter ses mauvaises habitudes. Mais vous m'aiderez. Vous ne me quitterez pas, car je suis faible, et je vous aime et n'ai foi qu'en vous seul.

« Aidez Anna (Vyroubova). Elle a de grands ennuis. Vous savez tout. Dieu veuille que nous nous rencontrions bientôt. Je vous embrasse. Pardonnez-moi et donnez-moi votre bénédiction. Votre fille : Alec (1). »

**

Cependant, le haut clergé de l'Église orthodoxe eut, vers cette époque, à enquêter sur des scandales causés par le « saint père ». On parlait de scènes d'orgies qui se déroulaient presque quotidiennement au domicile de Gricha, à la Perspective anglaise, et des exorcismes érotico-mystiques pratiqués par lui sur ses « filles spirituelles » pour les délivrer du démon de la chair et les guérir des « passions voluptueuses ».

Une plainte fut adressée au Saint-Synode. Devant le scandale, la famille impériale dut se décider, non sans regret, à se séparer de lui.

(1) Cité par M. Ch. Rivet : *Le dernier Romanof*, pp. 60-61.

Raspoutine reçut, vers la fin de 1906, l'ordre de regagner son village natal. Il partit en proférant des menaces. « Dieu se vengera et te punira en te frappant dans ce que tu as de plus cher ! » osa-t-il dire à l'Impératrice. Or, le hasard voulut qu'une maladie du tsarevitch coïncidât avec le départ de Raspoutine. La Tsarine, affolée, vit dans cette maladie le doigt de Dieu, qui se vengeait de ce qu'elle avait laissé partir « l'homme du Seigneur » (c'est ainsi qu'il se désignait en toute humilité). Un télégramme le rappela sur-le-champ à Pétrograd. Il revint aussitôt. L'Impératrice se traîna à ses genoux, lui demandant pardon, le visage ruisselant de larmes.

Désormais Raspoutine était plus puissant que jamais. Son pouvoir était illimité. Devant lui, les personnages les plus considérables s'abaissaient. Tous ceux qui sollicitaient des faveurs de l'Empereur passaient par son intermédiaire. D'accord avec la Vyroubova, Raspoutine agissait sur l'Impératrice. Nicolas II approuvait tout.

Au commencement de l'année 1910, une éclipse passagère se produisit à la suite de faits qui ne prouvaient pas précisément sa sainteté. Une campagne de presse fut dirigée contre lui. Des plaintes affluèrent de toutes parts au Saint-Synode, et il fut déféré devant un tribunal ecclésiastique.

Les faits révélés furent tels qu'ils le firent se brouiller radicalement avec un de ses protecteurs, l'archevêque Théophane. Le verdict fut sévère. Raspoutine était condamné à passer un an dans un cloître. Il réussit néanmoins à se soustraire à cette condamnation. Prenant prétexte qu'il ne pouvait pas se rendre dans un cloître, vu que ses « filles spirituelles » et ses adeptes n'auraient pu l'y accompagner, il obtint l'autorisation de se retirer dans son village natal. Il emmena avec lui douze « sœurs », dont l'aînée avait 27 ans. Elles logèrent dans une belle maison qu'il avait achetée et meublée à neuf, garnie de tapis précieux, d'icônes, de portraits, de cadeaux du couple impérial.

L'exil de Raspoutine le fit vite oublier dans les hautes sphères de Pétrograd.

Depuis quelque temps déjà on ne parlait dans certains salons aristocratiques que d'un personnage étrange, qui donnait dans les cercles ésotériques de Pétrograd d'extraordinaires séances de spiritisme et de magie. Il établissait des correspondances, des relations entre le monde tangible et l'au-delà ; il recevait des conseils, des instructions de certaines puissances qu'il évoquait.

Le comte C***, dont le nom véritable était connu seulement de quelques hauts initiés, était, en effet, une bien curieuse personnalité. Magiste expérimenté, membre influent de plusieurs sociétés ésotériques d'Europe, il était depuis de nombreuses années en rapports constants avec certaines puissances du monde invisible.

Sa renommée parvint bientôt jusqu'à la Cour :
le terrain avait d'ailleurs été préparé par les grands-
ducs, membres de la loge occultiste secrète fondée
jadis par Philippe. Le Tsar voulut connaître et
consulter le Mage dont tout le monde parlait
autour de lui. Il le fit mander pour la première fois,
à la Cour, en octobre 1910.

Bientôt, sous la direction du Mage, des séances
spirites et magiques furent organisées au sein de
la loge occultiste de la Cour.

L'esprit d'Alexandre III, à plusieurs reprises
évoqué, fit chaque fois promettre à l'Empereur
de maintenir intacte l'alliance franco-russe.

Mais les séances les plus étranges furent celles
où le Mage, revêtu de la robe rituellique, une épée
magique à la main, pour se protéger contre les
influences mauvaises, s'enfermait avec le Tsar et
les assistants dans un cercle tracé au centre de la
Loge, pour évoquer la Puissance occulte qui pré-
side aux destinées de la Russie.

La mystérieuse Puissance informa l'Empereur
des tragiques événements qui devaient ensan-
glanter l'Europe quelques années plus tard. A une
question de l'Empereur : Quand se produiraient
ces événements, la Puissance se borna à répondre :
Ils sont proches !

Une autre fois, l'Empereur ayant demandé
quelle serait sa propre destinée, la Puissance
évoquée refusa de répondre. Le Mage ayant insisté,
un bruit épouvantable se fit entendre, les lumières
s'éteignirent, l'autel magique fut renversé.

Le Tsar et les assistants prirent peur. Le Mage jugea inutile de continuer la séance d'évocation.

C'est ainsi que, dès 1910, Nicolas II fut informé par les voies magiques des tragiques événements qui se préparaient.

Je sais, de source certaine, que les avertissements du Mage ne furent pas complètement négligés en haut lieu.

Mais depuis quelque temps déjà, des influences contraires s'exerçaient. L'Impératrice et le parti germanophile russe voyant la direction des affaires de l'État leur échapper avaient résolu de mettre tout en œuvre pour rappeler Raspoutine dont ils étaient restés les fidèles admirateurs.

Tenu au courant, par l'Impératrice, des moindres événements de la Cour, le moine était venu, en secret d'abord, à Pétrograd, d'où une automobile le conduisait à Tsarkoïe-Sélo, auprès de la Tsarine.

Puis, le Tsarevitch étant tombé malade, l'Impératrice avait insisté auprès du Tsar pour faire rappeler Raspoutine, seul capable, disait-elle, en raison du pouvoir miraculeux qu'il détenait, de sauver son fils.

Nicolas céda. Un télégramme rappela aussitôt Raspoutine à la Cour. Le moine fit des passes magnétiques sur l'enfant, et quelques jours plus tard il était complètement rétabli.

L'impression produite sur l'esprit de Nicolas II, par cette guérison, qu'il qualifiait de miraculeuse, fut énorme.

Raspoutine fit de nouveau son apparition à Pétrograd, plus puissant qu'il ne l'avait jamais été. Le parti germanophile triomphait.

Le comte C*** comprit alors que son rôle à la Cour de Russie était terminé. Il ne lui restait plus qu'à se retirer ; ce qu'il fit.

Le retour de Raspoutine, vers la fin de 1911, fut salué avec enthousiasme par ses adorateurs des deux sexes.

Son influence se fit sentir non seulement dans la vie sociale et politique, mais aussi dans les questions religieuses.

Grâce à lui, son compagnon de débauche, au temps de sa jeunesse, le jardinier Varnava, absolument illettré, fut élevé au poste d'évêque de Tobolsk. Cette affaire eut sur le clergé russe un énorme effet moral. Plusieurs évêques tentèrent de s'opposer à cette nomination scandaleuse. L'archevêque Théophane, l'évêque Hermogène, le Père Héliodore, revenus de leur erreur première sur le compte de Raspoutine, s'écartèrent de lui, confus de s'être laissés duper par ce misérable.

Dans une lettre rendue publique, le Père Héliodore dénonça les pratiques de celui qu'il considérait maintenant comme un dépravé qui avait osé se faire passer pour un saint. Voici quelques passages de ce curieux document :

« Au cours de notre voyage à Tsaritsine, Monseigneur Hermogène étant parti seul pour Saratov, Gricha m'obligea de faire avec lui la tournée de mes ouailles. On le reçut partout comme un ange du ciel. On le saluait jusqu'à terre, les gens cultivés comme les autres. Quant à lui, dans toutes les maisons où il pénétrait, il embrassait les femmes jeunes et jolies, écartant celles qui avaient pris de l'âge...

« ...C'est pendant son séjour à Tsaritsine que Gricha s'isola, un jour, pendant quatre heures, dans la compagnie de la Sœur K..., religieuse au couvent de la ville, à laquelle il voulait prodiguer ses consolations. Je n'ai connu ces faits que trois ou quatre mois plus tard.

« A la fin de novembre, Gricha m'emmena au village de Pokrovskoïé, d'où il était originaire. Pendant le voyage, qui était assez long, je m'efforçai de découvrir en Gricha le témoignage de sa valeur, de son pouvoir miraculeux ou de ses dons exceptionnels. En vain. Mon compagnon me parla presque exclusivement des femmes. Et les propos qu'il m'adressa, relatifs à mon influence sur celles que je dirigeais, me remplirent d'un sentiment de gêne et me firent douter gravement de la sainteté de mon interlocuteur.

« Au cours d'un autre voyage, il me parla du Tsar et de la Tsarine. « Pour le Tsar, me dit-il, je suis le Christ... Le Tsar et la Tsarine me saluent, ils s'inclinent devant moi. Les enfants du Tsar se sont prosternés à mes genoux, ils m'ont baisé les mains... La T... a juré que, le monde entier s'écarterait-il de Gricha, elle ne l'abandonnerait jamais... »

« Il me dit bien d'autres choses encore, je rougissais en l'écoutant...

« Le prophète me raconta aussi, à cette époque, avec force détails, comment il s'était baigné avec Mᵐᵉ V*** et avec d'autres dames ; comment il avait prodigué ses consolations à L,***, la nourrice des enfants impériaux, et à d'autres femmes ; comment, dans la cellule du père Macaire, à Verkhotourié, ces femmes lui avaient témoigné leur amour...

« ...En décembre 1911, je me rendis à Pétrograd pour y voir Monseigneur. Gricha y arriva en même temps que moi, venant de Jalta. De Moscou, il avait télégraphié à l'évêque, lui demandant son appui. Le bruit courait ouvertement que Gricha entretenait des relations intimes avec la... Mitia confirma ces rumeurs. Je fus saisi d'indignation. « J'étais son plus ardent défenseur, m'écriai-je, eh bien, c'est moi qui le perdrai ! »

« J'accompagnai donc Gricha chez le prélat. Monseigneur le conjura de ne plus approcher de la Cour sans sa bénédiction et sans la mienne. Mitia l'injuria... Enfin, Gricha s'engagea sous serment, devant une icône reliquaire, à ne plus mettre les pieds à la Cour. Ivan Rodionof et votre serviteur furent témoins de cette scène... Gricha prit peur ; on le laissa partir...

« A Jalta, il rédigea une plainte, dans laquelle il disait : « Il faudra serrer la vis à Mitia, et quant à Monseigneur, il lui en cuira d'avoir dit que j'entretenais des relations intimes avec la... »

« Cela devait finir mal ; je le prévoyais. Ce n'était pas sans raison que j'avais insisté auprès de Monseigneur, après la scène du serment, pour qu'il retienne Gricha et se rende lui-même auprès du Tsar et de la Tsarine, afin de les convaincre et de leur montrer que celui qui avait su capter leur confiance, loin d'être le saint qu'ils imaginaient, n'était qu'un débauché et un fripon. Monseigneur ne m'avait pas écouté. « Je vous défends, s'était-il « écrié, de voir encore Gricha. Si vous ne cessez « pas de vous acoquiner avec lui, je vous répu- « dierai. »

Je répondis : « Monseigneur, je vous obéirai. Mais soyez sûr que nous ne tarderons pas à pâtir (1) ! »

Ils ne tardèrent pas à pâtir, en effet. Quelques jours après, sur les conseils de Raspoutine, le Tsar ordonnait à l'évêque Hermogène de se retirer dans un couvent. Quant au Père Héliodore, traqué par la police, il dut s'expatrier et se réfugier à Christiania.

(1) *Autour de Raspoutine* (lettre du Père Héliodore), *La Revue*, n°ˢ 9 et 10 (mai 1917).

CHAPITRE III

RASPOUTINE

(Suite.)

Entre temps, l'ancien compagnon de débauche de Raspoutine, l'évêque Varnava, s'était mis en tête de faire béatifier un moine de son diocèse : Jean de Tobolsk, qui avait possédé une réputation de sainteté.

Il avait sollicité une audience de l'Empereur pour lui demander de prononcer la béatification du moine. L'Empereur l'avait accordée, après avoir pris conseil de Raspoutine. Or, d'après les règlements de l'Église orthodoxe russe, le Saint-Synode a seul le pouvoir de béatifier. Les membres du Saint-Synode adressèrent au Tsar une lettre dans laquelle ils rappelaient les droits du Synode en la matière, et refusaient d'accepter la béatification de Jean de Tobolsk par l'Empereur. Ils demandaient également l'annulation de la décision prise par l'évêque Varnava.

Nicolas II leur fit connaître que sa décision était irrévocable. Les évêques ne s'inclinèrent pas et ordonnèrent à Varnava d'abandonner son siège et de se retirer dans un monastère.

Irrité de l'opposition du Saint-Synode, l'Empereur couvrit entièrement Varnava de toute l'autorité de son pouvoir impérial. La crainte du scandale fit que les évêques se soumirent à la décision du Tsar.

Néanmoins, peu de temps après, le métropolite Vladimir, président du Saint-Synode, était envoyé en disgrâce à Kiew. Quant au procureur du Saint-Synode, M. Samarine, il fut contraint de donner sa démission.

Wladimir fut remplacé, à Pétrograd, par le métropolite Pitirim (1), et le procureur du Saint-Synode par M. Sabler. Tous deux étaient des amis et des protégés de Raspoutine.

La retraite forcée de Samarine impressionna fortement la bureaucratie, dont les représentants vinrent en masse implorer l'appui de Raspoutine. Son appartement de la rue Gorokhovaïa ne désemplissait pas de ministres et de hauts fonctionnaires. C'était par l'intermédiaire du prince Andronikof, fonctionnaire des missions spéciales auprès du Saint-Synode, qu'on pouvait obtenir le plus facilement les faveurs de Raspoutine.

La presse russe commença, dès lors, à faire de timides allusions à l'influence occulte de ce puissant et redoutable personnage, devant lequel tremblaient ministres et généraux.

---

(1) C'est le métropolite Pitirim qui célébra, en 1917, à la cathédrale Saint-Isaac, la messe solennelle consacrée au Souvenir de la guerre de 1812, contre « les Français envahisseurs », malgré les ordres du Saint-Synode qui avait remplacé cette messe par des prières pour la victoire des Alliés.

Le 8 janvier 1912, défense fut faite à la presse de ne rien publier concernant Raspoutine. L'affaire fut portée à la Douma, au mois de mars 1912, par le député Goutchkof, au cours des débats sur les états du Saint-Synode. Le leader octobriste prononça le discours suivant : « Vous n'ignorez « pas, Messieurs, par quel drame affreux passe « la Russie à l'heure actuelle. Nous contemplons, « le cœur serré, les péripéties de ce drame, au milieu « duquel se place la figure énigmatique d'un fan- « tôme ou d'un survivant de l'obscur moyen « âge ; une figure qui, dans la lumière du XXe « siècle, produit une impression grotesque. Qui « est-ce ? Est-ce un fanatique, un sectaire qui « suit aveuglément ses visions et ses croyances, « ou bien un escroc qui ne se soucie que de pro- « fits matériels ? Comment, par quels prodiges, « par quelle voie détournée a-t-il pu, cet homme « obscur, arriver jusqu'à la situation qu'il occupe « maintenant ; comment a-t-il pu conquérir ce « pouvoir devant lequel plient les plus hauts « dignitaires de l'État et de l'Église ?

« Ah ! certes, si ce n'était qu'un cas particulier « d'exaltation religieuse, nous pourrions nous « tenir comme on se tient au chevet d'un malade. « Mais l'homme en question n'est pas seul ; der- « rière son dos, une coterie se forme, qui trafique « de sa personne et de ses miracles. Il y a en jeu « des ambitions inassouvies ; c'est toute une « entreprise qui lui souffle son rôle, et il l'exécute.

« C'est là le danger que je vous signale : danger
« pour l'État, danger pour l'Église. »

Mais toujours Raspoutine sut vaincre ses adversaires ; et ses victoires ne faisaient qu'ajouter
à sa puissance.

On lui attribue la chute sensationnelle de
M. Kokovtzof, président du Conseil des Ministres en 1913. M. Churestow, ministre de la Justice, et le général Djounkovski, adjoint au ministre de l'Intérieur, qui avaient eu tous deux des
velléités de résistance, durent démissionner. Le
successeur de M. Sabler, au Saint-Synode, dût
quitter sa place pour avoir refusé de créer un
poste de second adjoint pour le prince Zevakhof,
protégé de Raspoutine.

*
* *

Le 12 juillet 1914, quelques jours après une
orageuse séance à la Douma où, au cours de la
discussion du budget, de nombreux orateurs
étaient venus rappeler le rôle néfaste joué par le
« faux prophète qui, sous le couvert de la religion,
disait, en substance, le député Effremof, répand
le vice et la dissolution », éclatait, à Pétrograd,
comme une vraie bombe nihiliste, cette nouvelle :
Raspoutine a reçu deux coups de revolver ;
Raspoutine se meurt !...

Une femme, une mystique, disciple d'Héliodore, Khionie Gousseva, jeune paysanne de 28 ans,
avait tenté, le 30 juin 1914, d'assassiner Raspoutine,

en tirant sur lui, à bout portant, dans la gare de Tumen, en Sibérie, deux coups de revolver ! Elle avait voulu, disait-elle, venger Héliodore, banni de Pétrograd sur les instances de Raspoutine, lorsqu'il était devenu son adversaire acharné.

De son côté, Héliodore déclara, par une dépêche adressée à un journal, que « Khionie Gousseva avait toujours considéré Raspoutine comme un criminel aussi redoutable pour l'État que pour l'Église, et jugeait comme un devoir sacré son entreprise de le châtier ».

Bien qu'assez grièvement blessé au bas-ventre, Raspoutine, dont la blessure n'était cependant pas mortelle, se remit peu à peu.

Quant à Khionie Gousseva, arrêtée sur-le-champ, elle fut conduite en prison. Après un « examen médical » elle fut déclarée folle et enfermée dans un asile d'aliénés !

Revenu à Pétrograd, Raspoutine vit, après cet attentat, son influence décuplée. Ses admirateurs, ses admiratrices, qui le considéraient déjà comme infaillible, proclamèrent sa quasi-divinité. De « saint homme » qu'il était, il devint « le martyr » !

Pendant ce temps, la guerre avait été déclarée. A partir de ce jour, aucune opération militaire de grande envergure ne devait être tentée sans qu'auparavant Raspoutine n'ait été consulté. Il fut, au début, farouchement belliqueux, soutenant la nécessité d'une lutte à outrance.

Puis, peu à peu, ses opinions se modifièrent ;

il devint un ennemi acharné de la guerre, un partisan résolu de la paix immédiate. Que s'était-il passé ?

Raspoutine aurait, paraît-il, été acheté, après les premiers mois de la guerre, par le parti pacifiste dit « des verts » dont le siège était à Stockholm. Ce parti, composé en majorité d'Allemands, de barons baltes et de russes germanophiles, était partisan d'une paix immédiate.

Dès lors, Raspoutine allait déclarer qu'il avait eu des apparitions de la Vierge, qui voulait que la guerre finît au plus tôt. Il se rendit même au quartier général, auprès du généralissime, le grand-duc Nicolas, pour lui faire part des désirs de la Vierge. Le grand-duc l'éconduisit. Peu de temps après, le généralissime était relevé de ses fonctions et envoyé sur le front du Caucase. On attribua cette disgrâce à une vengeance de Raspoutine.

Bientôt, le rôle joué par Gricha fut connu. On sut qu'il était un agent des germanophiles et qu'il subjuguait complètement l'Impératrice (1).

De puissants personnages crurent devoir prévenir l'Empereur du rôle néfaste de Raspoutine. La grande-duchesse Elisabeth, veuve du grand-duc Serge, vint à Pétrograd pour parler contre lui. Elle dut repartir le même jour. Sa sœur Victoria

(1) On pourra consulter utilement, à ce sujet, l'ouvrage de W. Le Queux : *Histoire extraordinaire de Raspoutine, le moine scélérat*, écrit d'après des documents recueillis par le service du Contre-Espionnage anglais, auquel l'auteur était attaché pendant la guerre.

fut, pour le même motif, obligée de quitter Pétrograd.

Il y eut une affaire plus retentissante encore : la princesse Vassilitschkov, une vieille dame de Cour, fut exilée « dans ses terres » parce qu'elle s'était permis d'écrire à l'Impératrice une lettre sur le même sujet. Sur quoi, plus de deux cents dames de la haute société russe lui envoyèrent des lettres de sympathie.

*
* *

Vers le milieu de l'année 1915, eut lieu une nouvelle tentative d'assassinat contre Raspoutine. Ce fut l'ancien ministre de l'Intérieur, Khvostov, ancien protégé du favori, qui en fut l'instigateur. Voulant se débarrasser d'un protecteur qu'il jugeait sans doute encombrant, Khvostov décida de lier partie avec les ennemis de Raspoutine. Il envoya un émissaire secret au moine Héliodore, réfugié à Christiania, pour lui proposer de convaincre quelques-uns de ses partisans de la nécessité de tuer le « mauvais génie » de la Russie, et lui promettait la somme de 60.000 roubles pour l'exécution de ce crime.

Le directeur du département de la police, M. Beletzky, apprenant le projet, fit arrêter l'émissaire secret de Khvostov : M. Rjewsky. Ce dernier fit des aveux complets. On saisit d'ailleurs sur lui des documents compromettants qui confirmèrent le complot.

Le ministre Khvostov fut destitué et Rjewsky déporté en Sibérie.

C'est à ce moment qu'apparut à l'horizon M. Sturmer, autre protégé de Raspoutine. Nommé ministre de l'Intérieur, puis président du Conseil, il fut un instrument entre les mains du moine, dont les moindres désirs étaient réalisés immédiatement.

Mais toutes choses ont une fin. Des coups sérieux à l'influence de Raspoutine et de la camarilla dont il était l'agent furent portés à la Douma. Dans la séance historique du 14 novembre 1916, où le chef des libéraux, M. Milioukof, attaqua violemment le Président du Conseil Sturmer, et provoqua la chute de son ministère, Raspoutine fut pris à partie et accusé de s'être livré à de dangereuses manœuvres germanophiles. Aux dénonciations des libéraux s'ajoutèrent les protestations des conservateurs. M. Pourichkévitch monta à la tribune pour s'écrier : « Il ne faut plus que la seule carte de visite de Raspoutine suffise pour placer aux plus hauts degrés de la hiérarchie les êtres les plus abjects... Raspoutine est aujourd'hui plus dangereux que le faux Dmitri de notre histoire l'était en son temps. Debout, Messieurs les ministres ! Allez au quartier général et suppliez le Tsar d'empêcher que Raspoutine reste plus longtemps le directeur de la politique russe (1) ! ».

----

(1) Cité par Ch. Rivet : *Le Dernier Romanof*, p. 86.

Raspoutine était, en effet, devenu une Puissance dans l'État. Autour de lui s'étaient groupés tous les admirateurs de la culture allemande, tous les partisans d'une alliance germano-russe : Sturmer, Protopopof, le prince Andronikof, Nilof, Massanévitch, Pitirim, Doubrovine, Konovitzine, partisans d'une paix séparée avec l'Allemagne. En face de ce groupe, protégé par l'Impératrice, se dressait le parti des grands-ducs, des anciens familiers d'Alexandre III, et l'Union de la Noblesse russe, qui proclamaient « l'urgente nécessité d'extirper résolument l'influence des *forces ténébreuses* dans les milieux gouvernementaux ».

Quelques jours plus tard, les « forces ténébreuses » allaient être atteintes dans la personne de Raspoutine lui-même.

Le 17 décembre, ancien style, le lendemain de la clôture des séances de la Douma d'Empire, les journaux parlèrent, à mots couverts, d'« une nouvelle qui a émotionné le monde, à la Douma ». Le 18, puis le 19 décembre, ils purent dire que Raspoutine, le moine néfaste, avait été assassiné, dans la nuit du 16 au 17 décembre, dans le palais du prince Youssoupoff, à la Moïka, près du « pont des Baisers ».

Le 20 et le 21 décembre, tous les journaux étaient pleins de détails sur la vie de « Gricha », racontant sa vie scandaleuse. Ils publièrent des plans de la place aux « Iles » sur la Néva, où son corps avait été trouvé. Ils relatèrent également les rencontres qu'il avait eues avec de hauts personnages politiques, les visites quotidiennes que le ministre Protopopof lui faisait.

Puis, à partir du 22 décembre, plus un mot, dans aucun journal : défense d'en parler ! On savait qu'il y avait des grands-ducs mêlés à l'affaire, mais on ignorait au juste comment le drame s'était déroulé.

Que s'était-il donc passé ?

Voici la version la plus généralement répandue :

Le 16 décembre, neuf jeunes hommes, appartenant aux familles les plus aristocratiques de Russie, festoyaient, au début de la soirée, dans un grand restaurant de Pétrograd. La conversation tomba sur Raspoutine ; et, après une discussion fort animée, ils décidèrent que l'heure était venue de faire disparaître celui que tout le monde dénonçait comme le mauvais génie de l'Empire.

Ils résolurent d'aller finir la nuit chez le prince Youssoupoff, dans son magnifique hôtel de la Moïka, et d'y convoquer Raspoutine sous le prétexte d'une entrevue avec une jeune et jolie femme qui désirait lui être présentée et devenir « disciple ».

Le prince Youssoupoff alla lui-même chercher Raspoutine en automobile, à la rue Gorokhovaïa. Une heure après, il l'introduisait dans son palais de la Moïka, où il devait lui présenter la jeune femme — une danseuse célèbre.

Plusieurs personnes étaient déjà réunies dans un salon du premier étage ; c'étaient les grands-ducs Dmitri Pavlovitch et Félix, le député d'extrême droite Pourichkévitch, l'occultiste Stepanoff, et deux dames, dont la danseuse anonyme.

Entre temps, le chef de la police, Balk, recevait par téléphone, de Protopopof, l'ordre de se rendre immédiatement chez le prince Youssoupoff pour y assurer la protection de Raspoutine. Arrivé au palais, Balk fit connaître au prince l'objet de sa mission. Ce dernier assura que Raspoutine n'avait absolument rien à craindre et conclut en invitant le chef de la police à quitter sa maison. Devant les assurances formelles de Youssoupoff, le chef de la police se retira. Le repas commença. Stepanoff engagea la conversation sur le spiritisme et l'occultisme. Raspoutine s'exalta, d'autant plus que les vins les plus généreux coulaient à flot et qu'il ne se faisait pas prier pour multiplier les libations. Il ne tarda pas à tomber dans l'ivresse la plus complète. Profitant de son état, un des convives remplit le verre du moine avec le contenu d'une bouteille empoisonnée.

Contrairement à ce qu'on attendait, le poison n'eut aucun effet. Raspoutine était-il donc réellement doué d'une protection mystérieuse ? Quoi qu'il en soit, le coup était manqué !

Les conjurés ne se tinrent pas cependant pour battus. Profitant d'un écart de langage de Raspoutine concernant la famille impériale, le prince Youssoupoff demanda au moine de retirer ses propos.

Celui-ci ayant refusé, la querelle s'envenima à l'extrême. Tout à coup, Stepanoff sortit un revolver de sa poche et fit feu à bout portant sur Raspoutine. Le moine tomba, mais s'étant relevé aussitôt, il courut vers la sortie.

Voyant Raspoutine se sauver du côté de la porte, les convives coururent après lui en tirant des coups de revolver. Il y eut, dit-on, six coups de feu. Les balles frappèrent Raspoutine dans l'anti-chambre où il tomba pour ne plus se relever. Il expira au bout de quelques instants.

Trois des convives furent chargés d'emporter le cadavre. Ils l'emmenèrent en automobile hors de la ville, et le jetèrent dans la Néva, aux abords du pont de Pétrowsky.

La nouvelle de la disparition de Raspoutine causa à la Cour un émoi indicible. Sturmer, Friedricks et Protopopoff étaient affolés. La police secrète menait enquête sur enquête. Une automobile, maculée de sang, avait été trouvée abandonnée, à plusieurs kilomètres de la ville. On apprit qu'elle appartenait à un grand-duc. Peu à peu la police eut la certitude d'un drame au palais Youssoupoff. Enfin, la découverte du corps de Raspoutine dans la Néva, non loin de l'endroit où il avait été submergé, fournit la preuve de la tragédie.

Sur l'ordre personnel de l'Impératrice, le prince Youssoupoff fut exilé, et le grand-duc Dmitri Pavlovitch envoyé sur le front persan.

Quant à Raspoutine, on dit que lorsqu'il fut découvert, la Tsarine le vit en secret, s'agenouilla et pleura près du cadavre ; puis, sur son ordre, il fut enterré la nuit au palais impérial, à Tsarkoïe-Selo. Son corps fut porté en grande pompe par la Camarilla de cour dont il avait été à la fois le protégé et l'exploiteur. Une haute personnalité de la Cour régla elle-même la cérémonie des obsè-ques, et l'on raconte qu'on étendit le moine couché la face contre terre, les bras étendus, afin que, dormant de son dernier sommeil, il continuât de bénir et de protéger la terre russe !

Ainsi se termina la carrière prophétique et mystique de cet homme étrange, dont la disparition eut, dans l'époque tragique où nous vivions, une portée considérable. A tel point que, même après sa mort, Raspoutine continua de peser sur les balances de l'Empire russe. Une véritable passion de spiritisme sévissait au début de 1917, dans les hauts milieux de Pétrograd. Les plus graves dignitaires de l'Empire partageaient leur temps entre les occupations politiques et les séances spirites. L'esprit le plus souvent évoqué était celui de Raspoutine. Des télégrammes de Pétrograd annoncèrent même qu'à l'heure où éclatait la Révolution qui devait amener la chute du gouvernement autocratique russe, la Tsarine était à Tsarkoïé-Selo, occupée à évoquer l'esprit de Raspoutine, en compagnie du ministre Proto-popoff.

Pour bien comprendre cet état d'esprit des hautes

sphères russes, il faut se rappeler le mot douloureux qui échappait au comte Benckerdof mourant, quelques semaines avant la révolution : « Une épidémie d'aliénation mentale d'espèce mystérieuse sévit dans les milieux dirigeants de Pétrograd. »

Étrange fin que celle de cette Société russe aristocratique, et de cette cour de Russie, ivre de mysticisme et de merveilleux ! Elle ressemble par bien des points à la fin de notre Société française du XVIIIe siècle, qui se précipitait autour des prophètes et des thaumaturges sans apercevoir les nuages qui s'amoncelaient et obscurcissaient l'horizon politique, pour aboutir à la chute de la dynastie et au renversement des anciennes institutions.

TABLE DES MATIÈRES

POITIERS. — IMPRIMERIE MODERNE. 2342.

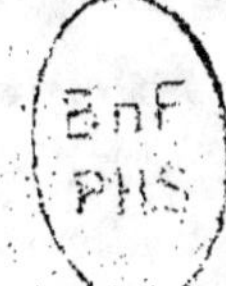